www.ingramcontent.com/pod-product-compliance
Lightning Source LLC
Chambersburg PA
CBHW070850070326
40690CB00009B/1785
9781517114732

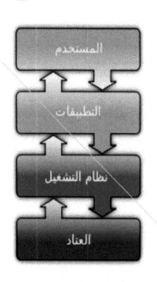

مقدمة فى نظم التشغيل

مقدمة مبسطة لنظم التشغيل فى الحاسوب

الطبعة الرابعة   4th Ed.   2018

أ.د. أشرف أنور

مقدمة فى نظم التشغيل

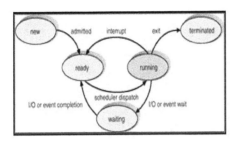

أ.د. أشرف أنور

نائب رئيس الجامعة لشئون التكنولوجيا و التعليم الإلكترونى

رئيس قسم علوم الحاسب و نظم المعلومات

أستاذ مشارك فى علوم الحاسب و نظم المعلومات

جامعة أتلانتا, جورجيا, الولايات المتحدة الأمريكية

والمعهد العالى للعلوم الادارية ونظم المعلومات, البحيرة, مصر

دكتوراة فى علوم الحاسب من جامعة ممفيس, تنيسى, الولايات المتحدة الأمريكية, 2002

PROFAAK47@YAHOO.COM

الطبعة الرابعة   **4th Ed.**

2018

Fourth Edition © 2018, USA: **CreateSpace.com**

Third Edition © 2014, Egypt: **AA Press**

Second Edition © 2013, Egypt: **AA Press**

First Edition © 2010, KSA: **Jeddah Prints**

فهرس المحتويات

الفصل

الأول

الفصل الأول

مقدمة عامة

Introduction

<u>نظام التشغيل</u>   هو مجموعة من البرمجيات المسؤولة عن إدارة موارد "عتاد أو هاردوير" وبرمجيات الحاسوب , ويمثل وسيط بين المستخدم و عتاد الحاسوب، ويمكننا القول انه مظلة لتشغيل برامج المستخدم، يقوم نظام التشغيل بالمهام الأساسية مثل إدارة وتخصيص مصادر الحاسوب (الذاكرة، القرص الصلب، الوصول للأجهزة الطرفية الملحقة..إلخ)، ترتيب أولوية التعامل مع الأوامر، التحكم في أجهزة الإدخال والإخراج، تسهيل الشبكات، وإدارة الملفات.

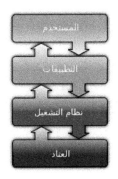

شكل رقم 1: التواصل فيما بين المستخدم و التطبيقات و نظام التشغيل و العتاد (الهاردوير)

نظام التّشغيل يقود و يدير خبرتنا الحاسوبية. إنّه البرنامج الأوّل الذي نراه عندما نشغّل الحاسوب، والبرنامج الأخير الذي نراه متى يتم قُفِلَ الحاسوب. إنّه البرنامج الذي يمكّن كل البرامج التي نستخدمها على الحاسوب من العمل واستخدام موارد الحاسوب.

نظام التّشغيل ينظّم و يتحكّم في المعدّات الحاسوبية على مكاتبنا و في أيدينا، ولكن رغم ذلك حتّى الآن معظم المستخدمين لا يمكن أن يؤكدوا وبالتّحديد ماذا يفعل ويعمل نظام التّشغيل.

إنّه لمن المهمّ أن ندرك أنه ليس لدى كل الحواسيب نظم تشغيل. الحاسوب الذي يتحكّم في فرن الميكروويف في مطبخك، على سبيل المثال، لا يحتاج إلى نظام تشغيل. فلديه فئة واحدة من مهامّ بسيطة نسبيًّا للإجراء، مدخل بسيط جدًّا عن طريق (لوحة مفاتيح) و مخرجات بسيطة للتحكم فى مدة و شدة التسخين. مثلا لوحة مفاتيح وشّاشة غير ضروريان فى مثل هذا الحاسوب البسيط جدا.

كما أنه ليس هناك حاجة إطلاقا لتغيير المعدّات للتّحكم. لحاسوب مثل هذا، نظام التّشغيل سيكون غير ضروري، لأنه سيضيف تعقيدا لا يطلبه أحد. بدلاً من ذلك، الحاسوب في فرن الميكروويف ببساطة يجري برنامج واحد باستمرار.

للحاسوب المكتبى المعتاد وما أكبر منه, أنظمة تؤدى مهاما كثيرة وأكثر تعقيدا من التي موجودة في فرن الميكروويف على سبيل المثال. على أي حال، يمكن أن يكون نظام التّشغيل المفتاح إلى الكفاءة والفعالية والسهولة لنموّ التّطبيقات.

كل الحواسيب المكتبية والشخصية لديها نظم تشغيل. من أشهر عائلات نظم التّشغيل:

ويندوز Windows OS

يونيكس Unix OS

ماكنتوش. Macintosh OS

هناك المئات من نظم التّشغيل الأخرى متاحة للأغراض الخاصة، متضمّنَة أنظمة تشغيل الحواسيب المتخصصة مثل الحواسيب الأيونية، حواسيب الروبوت، حواسيب خطوط الصّناعة، وأنظمة التّحكّم في الوقت الحقيقي وغيرها.

<u>في أبسط مستوًى, نظام التّشغيل يعمل شيئين :</u>

1٠ يدير الكيان المادي (المعدّات) وموارد الكيان المعنوي (البرمجيات) لنظم الحاسوب. تتضمّن هذه الموارد المعالج، الذّاكرة، مساحة القرص، إلخ. وهي مهمةّ جدًّا، حيث أن هناك برامج متعددة تتنافس من أجل وحدة المعالجة المركزية واستخدام الذاكرة والتّخزين وأجهزة الإدخال/الإخراج لأغراضها الخاصّة.

في هذا المجال, نظام التّشغيل يمثّل دور المدير العادل, يتأكّد من أن كلّ طلب يحصل على الموارد الضّروريّة له لتأدية وظيفته بقدر المتاح. أثناء ذلك يقوم بتشغيل كل التّطبيقات

الأخرى, وأيضًا توزيع السعة المحدودة للنظام بأكبر قدر من العدل بين كلّ المستخدمين و الطّلبات الخاصة ببرامجهم.

2· يمدّ طريقة متّسقة ومستقرّة للطّلبات للتّعامل مع المعدّات بدون الحاجة لمعرفة كلّ تفاصيل المعدّات. ذلك هام جدا بخاصّة إذا كان هناك أكثر من نوع من الحواسيب تستخدم نظام التّشغيل، أو إذا كان الكيان المادي (العتاد أو الهاردوير) الذي يتكون منه الحاسوب مفتوح ومتغيّر. احتواء نظم التشغيل على تداخل البرنامج التطبيقي ، يسمح لمطوّري البرامج أن يكتب تطبيقًا على حاسوب واحد و لديه مستوى عالي من الثّقة أنّه سيستمرّ بالاشتغال على حاسوب آخر من نفس النوع حتّى إذا كانت كمّيّة الذاكرة أو كمّيّة التخزين مختلفتين على الجهازين.

حتّى إذا كان الحاسوب المحدّد فريدًا من نوعه، فإن نظام التّشغيل يمكن أن يضمن أن الطّلبات ستستمرّ في التنفيذ عندما تحدث تحسّينات وتحديثات في المعدّات، لأنّ نظام التّشغيل و ليس التطبيق هو الذي يدير المعدّات ويوزع مواردها.

الويندوز98 و ما تلاه من اصدارات الويندوز مثال كبير للمرونة التي تمدها نظم التشغيل. يستمرّ الويندوز98 في تشغيل المعدّات من الآلاف من الباعة. ويمكن أن يستوعب آلاف من مختلف الطابعات ومحركات الأقراص والطرفيات الخاصّة في أيّ تشكيلة ممكنة.

لماذا ندرس نظم التشغيل ؟

1. للاستخدامات الخاصة من الممكن للشخص أن يصمم نظام تشغيل لقرص معين أو تعديل نظام معين .

2. للاختيار الجيد لنظم التشغيل وخياراته تعتبر من القرارات المهمة .

3. الاتصال المباشر مع نظام التشغيل مهم لتنفيذ مهامه وذلك لأن نظام التشغيل هو أول شيء يتصل به الحاسوب .

4. مواصفات وتقنيات كثيرة موجودة في نظم التشغيل مهمة لبناء برنامج تطبيقي .

أهمية نظم التشغيل:

1. نظام التشغيل يتحكم في الحاسوب ويعمل على الربط بين الحاسوب والمستخدم .

2. يعزل مستخدم الحاسوب و التطبيقات عن التفاصيل المعقدة و المملة للهاردوير.

3. كلما زاد تعقيد نظام التشغيل كلما زاد من فعالية النظام, و هذا ويقلل من كلفة استخدام مرافق إضافية للشبكة و المنظومة الحاسوبية ككل.

تاريخ نظم التشغيل :

1- الفترة من 1945-1955 (الحاسوب وقتها كان يتكون من أنابيب مفرغة):

لم تعرف نظم التشغيل بعد وكان التعامل في تلك الفترة من لغة الآلة مباشرة التى كانت تطبيقاتها تتعامل مباشرة مع العتاد (الهاردوير) مثل البطاقات المخرمة .

2- الفترة من 1955-1965 (الحاسوب وقتها كان يتكون من ترانزيستور):

ظهور لغة التجميع وهي أسهل للبشر من لغة الآلة. وأيضا ظهر أول نظام تشغيل للحاسوب أ ب م 701. فى هذه الفترة البرامج كانت عبارة عن تجميع الأعمال وتنفيذها وإدخالها على آلة التخريم ثم نقلها بواسطة آلة أخرى إلى شريط مغناطيسي. ثم نقلها إلى آلة أخرى لتشغيلها و إخراج النتائج على شريط مغناطيسي آخر ثم نقلها إلى آلة رابعة لطباعتها.

3- الفترة من 1965-1980 (استخدام الدوائر الالكترونية المجمعة):

ظهرت لغات البرمجة الجيل الثالث.
و ظهور نظام الاشتراك فى الزمن و التنفيذ المتعدد.

Time Sharing Multi-Programming

تعتبر هذه البداية الفعلية لنظم تشغيل قوية و مؤثرة.

4- الفترة من 1980- الآن:

تطور نظم التشغيل وتحولها لواجهة المستخم الرسومية وجعل الحاسوب صدوق.

وظهور نظم تشغيل متنوعة مثل:

و Distributed Operating System و Network Operating Systems للموبايلات و الأجهزة المحمولة Android OS.

يمكن تعريف نظام التشغيل بالتالي:

1- هو مجموعة برامج خاصة بتهيئة النظام للعمل والتحكم بأدائه لوظائفه أثناء تنفيذ البرامج التطبيقية والتخاطب مع المشغل والتدخل عند حدوث أي خلل أو تجاوز من البرامج أو المشغل.

2- كما إنه يهتم بتوزيع وتخصيص الموارد والمهام والخدمات مثل الذاكرة والمعالج(ات) وأجهزة الادخال والاخراج والبيانات.

بعض أنواع نظم التشغيل:

من خلال عائلات نظم التّشغيل الواسعة، يوجدٍ هناك أربعة أنواع عريضة. صنّفت على أساس أنواع الحواسيب التي يتحكّم بها نظام التشغيل ونوع التطبيقات التي تدعمها. الفئات العامة من نظم التشغيل تشمل:

١- نظام تشغيل الوقت الحقيقي

Real Time Operating System --RTOS

نظم تشغيل سريعة صممت للتّحكّم في الآلات والأدوات العلميّة والنّظم الصّناعيّة. لديها عادة إمكانيّة واجهة مستخدم صغيرة جدًّا، ولا مرافق ومنافع كثيرة للمستخدم.
عليه سيكون النّظام كصندوق مغلق عندما يسُلِّمَ للاستخدام.

جزء مهمّ جدًّا من نظام تشغيل الوقت الحقيقى يتمثل في أداره موارد الحاسوب حتّى تنفّذ عمليّة محدّدة في نفس كمّيّة الوقت كلّما شغل.

في الآلات المعقدة، وجود جزء يتحرّك بسرعة دون ابطاء يكون أكثر أهمية من تنوع استخدامات النظام لأنّ لو موارد النّظام غير متاحة قد يمثل ذلك كارثة للمستخدم أو بيئة الاستخدام و يؤدى لنتائج مأساويّة عندما هذا الجزء لا يتحرّك على الإطلاق أو يتحرك ببطء لأنّ النّظام مشغول.

2. المستخدم الواحد والمهمّة الواحدة

Single-User & Single-Task

كما يدلّ الاسم، هذا النظام صُمِّمَ لإدارة الحاسوب حتّى يتمكن أن يعمل مستخدم واحد شيء واحد في المرة الواحدة وبفاعليّة. من أمثلتها نظام التشغيل الشهير من شركة مايكروسوفت العالمية, ميكروسوفت ضوس.

MS-DOS

واعتمد هذا النظام على مستحثة الأوامر كما سنشرح بالتفصيل فيما بعد فى الفصل السادس.

·3 المستخدم الواحد ومتعدّد المهام.

Single-User & Multi-Task

هذا هو نوع نظام التّشغيل الذي يستعمله معظم المستخدمين في حواسيبهم الشخصية والمحمولة اليوم. الويندوز 95 و 98 و 7 و 8 و فيستا و اكس بى و ماكنتوش كلهم أمثلة. لاحظ أن بعض هذه الأنظمة يسمح بتبديل المستخدم دون الخروج من النظام عن طريق تخزين محتويات (صورة) الذاكرة للمستخدم القديم. لكن فعليا مستخدم واحد فقط يستعمل الحاسوب بحرية, و من ثم جاءت التسمية: الحاسوب الشخصى.

نظام التشغيل المذكور يسمح لمستخدم واحد تنفيذ عدّة برامج تعمل في نفس الوقت. على سبيل

المثال, ممكن لمستخدم ويندوز 7 أن يكتب رسالة في برنامج محرر نصوص أثناء تحميل ملفّ من الإنترنت وفي نفس الوقت يطبع نص رسالة بحثية على الطابعة.

4. متعدّد المستخدمون و متعدد المهام.

Multi-User & Multi-Task

نظام تشغيل متعدّد المستخدمون يسمح للمستخدمين المختلفين الكثيرين أن يستغلّوا موارد الحاسوب في آنٍ واحد.

يجب أن يتأكّد نظام التّشغيل أن مطالب المستخدمين المتنوّعين وأنها متوازنة، وأنّ لدى كلّ من البرامج التي يستخدموها موارد كافية ومنفصلة حتّى لا تؤثّر مشكلة أحد المستخدمين على مجتمع المستخدمين بالكامل.

أمثلة نظم التّشغيل المتعدّدة المستخدمين:

يونيكس و (ف.م.س.) و (ف. م.) و (م.ف.س.).

إنّه لمن المهمّ أن نفرّق هنا بين نظم تشغيل متعدّدة المستخدمات ونظم تشغيل المستخدم الواحد التي تساند الشبكات, مثل الويندوز2000 و نوفيل نيتوير التى تستطيع أن تساند المئات أو

آلاف من المستخدمين مغطّين بشبكة، ولكنّ نظم التّشغيل نفسها ليست نظم تشغيل متعدّدة المستخدمين حقيقيّة. حيث أن مدير النّظام هو المستخدم الوحيد للويندوز 2000 أو نيتوير.

دعم الشّبكة لكلّ مستخدم بعيد للشّبكة يمكّن عمله عن طريق برنامج مدارٍ من قبل المستخدم الإداريّ أو البرنامج المشرف للشبكة.

الاختبار الذاتي عند بدء التشغيل

(نداء الاستنهاض)

(Power-On-Self-Test)

POST

عندما توصل الطاقة للحاسوب ويتم تشغيله، البرنامج الأوّل الذي ينفذ عبارة عن فئة من التعليمات موجودة عادةً في ذاكرة القراءة فقط للحاسوب

(ROM).

هذا الاختبار الذاتي عند بدء التشغيل يسمى:

(Power-On-Self-Test)

هذه التعليمات تفحص معدّات النّظام للتأكّد من أنّ كل شيء يعمل بشكل مناسب.

و أيضا تفحص الأخطاء في وحدة المعالجة المركزية والذاكرة ونظام الإدخال والإخراج الأساسي (بيوس) :

(BIOS)

وتخزّن النّتيجة في مكان خاص في الذاكرة.

16

إذا ما كان الاختبار الذاتي عند بدء التشغيل قد تم بنجاح فإن آخر البرنامج المحمّل في الـروم سيبدأ في البحث عن نظام التشغيل على الحاسوب من محرّكات الأقراص في الحاسوب ليرسل التحكم اليه و يتولى عندئذ نظام التشغيل ادارة الحاسوب بعد برنامج نداء الاستنهاض.

عادة ما يتواجد نظام التشغيل على الأسطوانة الصلبة الموجودة داخل الحاسوب الشخصى. لكن من الممكن أن يتم تحميل نظام التشغيل من قرص مدمج أو مضغوط أو حتى كارت ذاكرة خارجية (يو اس بى) أو شبكة.

لاحظ أن البيوس يمكن أن يستخدم لاعلام الحاسوب أين يبحث أولا عن نظام التشغيل و بأى ترتيب (صلب – مدمج – شبكة – يو اس بى).

في معظم الحواسيب الحديثة، عندما يتم تشغيل القرص الصّلب، برنامج نداء الاستنهاض يجد الجزء الأول لنظام التشغيل المسمى محمل برامج التحميل الأولية:

Bootstrap-Loader

عرف

وهو عبارة عن برنامج صغير عنده مهمة واحدة : تحميل نظام التّشغيل للذاكرة ويسمح له أن يبدأ العمليات .

بتفصيل أكثر يقوم بتنصيب برامج سواقات الأجهزة الصّغيرة وذلك للتوصيل البينيّ معها و التحكم في الأنظمة الفرعية للمعدّات المتنوّعة للحاسوب.

كما يعد أقسام الذّاكرة التي تحمل نظام التّشغيل ومعلومات المستخدم والطّلبات.

كما ينشئ هياكل البيانات التي ستخزن الإشارات العديدة والأعلام و الإعلام الإشاريّة التي أعدت للتّواصل بين الأنظمة الفرعية وتطبيقات الحاسوب. ثمّ يقوم بتحويل السيطرة في الحاسوب إلى نظام التّشغيل.

مهامّ نظام التّشغيل، الأكثر أهمية، تقع في أربعة أصناف :

• إدارة المعالج -- CPU --

بعض الأمثلة:

تحديد أى مهمة تقوم بالتنفيذ على المعالج عند وجود أكثر من مهمة جاهزة للتنفيذ.

مراقبة الأولويات بين المهمات.

تحويل المهمات ما بين الانتظار و التشغيل و التعليق للادخال و الاخراج

• إدارة الذّاكرة (RAM -- Memory)

بعض الأمثلة:

تقسيم مساحة الذاكرة بين المهام.

تحديد المهمة التى تخرج أولا عند ضيق مساحة الذاكرة

اختيار مساحة أو مساحات فارغة مناسبة للمهمة عند دخولها الذاكرة

تحديد و ادارة الذاكرة الافتراضية

• إدارة الادخال والاخراج (الأجهزة – I/O Devices)

<u>بعض الأمثلة:</u>

القراءة من أجهزة الادخال (Input Devices)

الكتابة على أجهزة الاخراج (Output Devices)

الالتفات لطلبات أجهزة الادخال و الاخراج

اتخاذ التدابير اللازمة لمعالجة الأخطاء فى الادخال و الاخراج

• إدارة التَّخزين (إدارة الملفات – يمكن النظر اليها كذاكرة)

<u>بعض الأمثلة:</u>

تحديد هيكل تخزين البيانات على أجهزة التخزين الثانوى

القراءة من التخزين الثانوى الى الذاكرة الرئيسية

الكتابة من الذاكرة الرئيسية الى التخزين الثانوى

معالجة تكويد و هيكلة البيانات المخزنة على التخزين الثانوى

مراقبة حالة التخزين الثانوى من حيث السعة و الأخطاء و الأداء

ضغط و فك ضغط البيانات فى بعض الأحيان

سوف نقوم بدراسة كل منهم على حدة فى الفصول التالية بتفصيل و اسهاب.

19

أسئلة مراجعة للفصل الأول

1. عرف نظام التشغيل.

2. ما هى وظائف نظام التشغيل الرئيسية.

3. ما هو الاختبار الذاتى عند بدء التشغيل؟

4. هل من الممكن أن يتواجد حاسوب بدون نظام تشغيل؟ أعط مثالا لو الاجابة بنعم.

5. متى ظهر أول نظام تشغيل؟

6. ما بعض أمثلة ادارة المعالج؟

7. ما بعض أمثلة ادارة الذاكرة؟

8. ما بعض أمثلة ادارة الادخال و الإخراج؟

9. ما بعض أمثلة ادارة التخزين؟

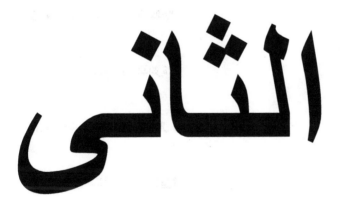

الفصل الثانى

الفصل الثانى

إدارة المعالج

CPU Management

هى أهم إدارة لنظام التشغيل حيث ان المعالج هو العقل المفكر للحاسوب.

سبق و أن ذكرنا أمثلة لادارة المعالج عن طريق نظام التشغيل, نعيد ذكرها للسياق:

1. تحديد أى مهمة تقوم بالتنفيذ على المعالج عند وجود أكثر من مهمة جاهزة للتنفيذ.

2. مراقبة الأولويات بين المهمات.

3. تحويل المهمات ما بين الانتظار و التشغيل و التعليق للادخال و الاخراج

تعريف: ينبغى هنا أن نعرف المهمة و هى البرنامج أو العملية التى تتنافس من أجل التنفيذ على المعالج مع باقى المهام.

طبعا فى حالة وجود مهمة واحدة كما فى أنظمة التشغيل ذات "المستخدم الواحد والمهمّة الواحدة", فلن يكون هناك حاجة أو أهمية لادارة المعالج.

حالات المهام أثناء تنفيذها على المعالج

1. دخلت توها للمعالج

أمثلة:

* ضغطت على أيقونة الوورد من سطح المكتب و سيبدأ وورد فى الجريان, لذلك ستدخل مهمته الى المعالج.

* برنامج النسخة الاحتياطية سيبدأ العمل فى الثانية بعد منتصف الليل تلقائيا, لذلك ستدخل مهمته الى المعالج.

2. مستعدة للتنفيذ و تنتظر

أمثلة:

* الوورد أو أى برنامج آخر عند دخوله للمعالج سينتظر لحظيا حتى يتمكن من التنفيذ على المعالج.

* مهمة تم تعليقها فى انتظار انتهاء ادخال أو اخراج, عند تمام الادخال أو الاخراج تعود للانتظار.

* مهمة كانت تنفذ على المعالج فعليا و انتهى الوقت المخصص لها على المعالج

(شريحة الزمن) قبل أن تنهى عملها , فيتم عودتها لساحة الانتظار.

3. تنفذ على المعالج

أمثلة:

* الوورد أو أى برنامج آخر أنهى الانتظار فى (حالة 2) و حان دوره للتنفيذ على المعالج .

* ويندوز ميديا بلاير يبدأ التنفيذ على المعالج بمجرد دخوله على النظام (حالة 1) و مروره بالانتظار (حالة 2).

4. معلقة لانتهاء الادخال أو الاخراج

أمثلة:

* الوورد أو أى برنامج آخر يقوم بتخزين الملف الحالى على الأسطوانة الصلبة و عليه أن ينتظر لحين انتهاء التخزين قبل أن يستكمل أداء مهامه و حتى يتمكن من التنفيذ على المعالج مرة أخرى.

24

* ويندوز ميديا بلاير يقوم بقراءة ملف فيلم من التخزين الثانوى. فعليه عندئذ التعليق لانتظار نهاية الادخال ثم يعود للانتظار فى (حالة 2) عند نهاية الادخال.

5. انتهى تنفيذها

أمثلة:

* الوورد أو أى برنامج آخر أنهى التنفيذ فى (حالة 3) و لا يحتاج تنفيذ آخر, فيغادر النظام (يتم انهاء المهمة الخاصة به و يخرج من المعالج و الذاكرة).

* ويندوز ميديا بلاير أنهى التنفيذ على المعالج فى (حالة 3) و تم ايقافه ليخرج من النظام.

* أى برنامج عندما يتم انهاؤه بضغط (ألت + فـ4) مثلا.

وفيما يلى شرح لما يحدث للمهمة منذ دخولها للتنفيذ على المعالج, حتى تمام تنفيذها.

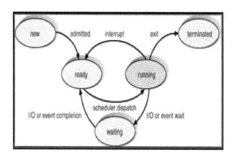

شكل رقم 2 : حالات المهمات أثناء التنفيذ على المعالج

1. تدخل المهمة للتنفيذ على المعالج. مثال على ذلك عند اختيار أيقونة من سطح المكتب لتنفيذ البرنامج الخاص بها.

لاحظ أنه قد يتم تعيين أولويات للمهمات لاسراع تنفيذ بعضها قبل البعض الآخر.

2. يسمح للمهمة بالانضمام لطابور المهام المستعدة للتنفيذ (طابور الاستعداد للتشغيل) على المعالج. لاحظ أنه عند وجود أولويات تتقدم المهمة ذات الأولوية المرتفعة قبل باقى المهام المنتظرة من أولويات أدنى.

فى شكل رقم 3, بالأسفل, سوف تنضم مهمة رقم (ج) لأول الطابور نظرا لأهميتها, بينما مهمة رقم (ب) سوف تنضم لآخر الطابور

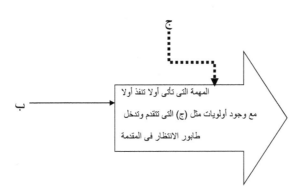

شكل رقم 3: طابور الاستعداد للتشغيل

3. عند فراغ المعالج تدخل أولى المهام من طابور الاستعداد للتشغيل الى المعالج لتنفذ جزئيا أو كليا على حسب تعقيد المهمة و عدد المهام المنتظرة للتنفيذ على المعالج.

عرف

لاحظ هنا أنه يوجد ما يعرف ب **شريحة الزمن**: (Time Slice)

و تعرف بمدة زمنية قصيرة يتم منحها لكل مهمة على المعالج للتنفيذ (حالة 3). و عند انتهاء شريحة الزمن المخصصة, يتم تحويل المهمة للانتظار (حالة 2) تاركة المعالج لمهمة

أخرى. و هذا يحقق مبدأ البرمجة التعددية و الاشتراك فى الزمن و الموارد الذ هو أساس البرمجة التعددية.

لاحظ أن بعض الزمن يضيع فى التحول من مهمة لأخرى على المعالج, لحفظ حالة المهمة القديمة و إدخال المهمة الجديدة.

شريحة الزمن و طولها أو قصرها تؤثر على كفاءة المعالج من حيث زمن الاستجابة للمعالج و إنتاجية المعالج.

و هنا سنعرفهما و نشرح تأثير شريحة الزمن على كل منهما.

عرف

زمن الاستجابة للمهمة علي المعالج: هو متوسط الزمن الذى تنتظره كل مهمة منذ إرسال مدخل للحاسوب وحتى الحصول على مخرج.

لاحظ أن متوسط الزمن يتم حسابه عن طريق جمع أزمنة جميع المهام وقسمة المجموع على عددهم.

(عمليا يتم استخدام عدد كبير من المهام يمثل جميع أنواع المهام)

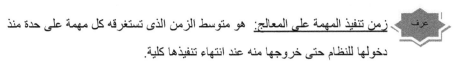 <u>زمن تنفيذ المهمة على المعالج:</u> هو متوسط الزمن الذى تستغرقه كل مهمة على حدة منذ دخولها للنظام حتى خروجها منه عند انتهاء تنفيذها كلية.

لاحظ الفرق بين هذا الزمن و زمن الاستجابة.

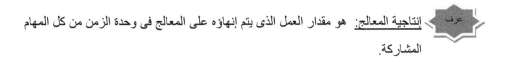 <u>إنتاجية المعالج:</u> هو مقدار العمل الذى يتم إنهاؤه على المعالج فى وحدة الزمن من كل المهام المشاركة.

نعود الآن لتأثير شريحة الزمن:

<u>كلما زادت مدة شريحة الزمن</u> كلما زادت إنتاجية المعالج نظرا لقلة الوقت المستغرق للتحول من مهمة لأخرى.

لكن فى نفس الوقت يسوء زمن الاستجابة للمهمة. ذلك نظرا لأن المعالج ينفذ مهمة بأكملها قبل التحول لمهمة أخرى. فتعانى المهام فى آخر طابور الانتظار من الاهمال و عدم وجود استجابة فورية لهم.

<u>كلما قلت مدة شريحة الزمن</u> كلما ساءت إنتاجية المعالج نظرا لكثرة الوقت المستغرق للتحول من مهمة لأخرى.

لكن فى نفس الوقت يتحسن زمن الاستجابة للمهمة. ذلك نظرا لأن المعالج ينفذ جزءا صغيرا من مهمة ثم يتحول لمهمة أخرى و هكذا. فتشعر جميع المهام فى طابور الانتظار بوجود استجابة فورية لهم.

4. سوف يحدث أحيانا أن تحتاج المهمة التى يتم تنفيذها على المعالج لعملية ادخال أو اخراج.

مثال على ذلك تخزين نسخة من الملف فى برنامج الوورد على سواقة الأسطوانات الصلبة.

فى هذه الحالة من الخطأ ترك المهمة على المعالج تستهلك وقت وحدة المعالجة المركزية بدون داع, بينما مهمات أخرى تحتاج هذا الوقت الثمين.
فى مثل هذه الحالة يتم تعليق المهمة , أى نقلها من التنفيذ على المعالج (حالة 3) الى انتظار نهاية الادخال و الاخراج (حالة 4), لحين انتهائها من الادخال و الاخراج.

لكن عند نهاية الادخال و الاخراج للمهمة لا تعود الى التنفيذ و انما يتم وضعها فى طابور الانتظار (حالة 2) حسب أولويتها.

لاحظ أيضا وجود فارق هائل فى السرعة بين المعالج ووحدات الادخال و الاخراج.

هذا الفارق هو سبب الفصل بين المهمات من حيث اعتمادها الأساسى:

أ. تعتمد أساسا على المعالج و تحتاج وقتا طويلا للعمليات الحسابية و المنطقية

CPU-Bound (محدودة بالمعالج)

أمثلة: برامج حل المعدلات التفاضلية و التحليل الاحصائى

ب. تحتاج الكثير من الادخال و الاخراج

I/O-Bound (محدودة بالإدخال أو الإخراج)

أمثلة: برامج معالجة و تحرير النصوص (الوورد بروسيسنج).

5. المهمة التى تنفذ على المعالج (حالة 3) أنهت عملها تماما قبل نهاية شريحة الزمن المخصصة لها, فتقوم بمغادرة النظام نهائيا (حالة 5).

هنا تخرج المهمة نهائيا من النظام و لا يعود لها ذكر على المعالج.

فى معظم الأحيان ستخرج المهمة من الذاكرة الرئيسية أيضا. لكن فى القليل من الحالات
ستظل المهمة كامنة فى الذاكرة لحين حدوث حدث معين, ويطلق على هذه النوعية من المهام
عادة مهام الانتهاء الكامن فى الذاكرة:

TSR: Terminate and Stay Resident

أسئلة مراجعة للفصل الثانى

1. عرف شريحة الزمن. ما فائدة استخدامها فى المعالج؟

2. ما الفرق بين المهام المحدودة بالمعالج و المهام المحدودة بالإدخال و الإخراج؟ أعط مثالين لكل منهما.

3. ما هو تعليق المهمة للإدخال أو الإخراج؟

4. هل من الممكن أن تذهب المهمة بعد انتهاء الادخال أو الاخراج مباشرة للتنفيذ على المعالج؟ وضح اجابتك ببيان الخطر أو الامكانية مع الشرح.

5. هل من الممكن أن تذهب المهمة عند الدخول للنظام مباشرة للتنفيذ على المعالج؟ وضح اجابتك ببيان الخطر أو الامكانية مع الشرح.

6. ما هو طابور الاستعداد للتشغيل أو التنفيذ؟ فى أى مرحلة من مراحل المعالج يستخدم؟

7. ما مزايا و عيوب تنفيذ المهمة بأكملها مرة واحدة على المعالج بدون تعليق أو عودة للانتظار؟

8. ما مزايا و عيوب تعليق المهمة عند الإدخال أو الإخراج على المعالج, مقارنة بعدم تعليقها و تركها على المعالج لحين انتهاء شريحتها الزمنية؟

9. رتب حالات إدارة المعالج تبعا لتعقيدها.

10. رتب حالات إدارة المعالج تبعا لأهميتها لعمل الحاسوب.

11. ارسم طابور الأولويات فى حالة الجدول التالى:

المهمة	م1	م2	م3	م4	م5	م6	م7	م8	م9
الأولوية	5	8	6	1	2	9	7	3	7

و بافتراض أن المهمة م1 دخلت للمعالج وأنهت شريحة الزمن الخاصة بها وستعود إلى طابور المهام مرة أخرى ارسم ترتيب المهام فى الطابور الآن بعد عودة المهمة م1, مرة بمراعاة الأولويات, و مرة أخرى بدون مراعاة الأولويات.

12. افترض أن حالة التعليق تم الاستغناء عنها, و ستعود أي مهمة تريد إدخال أو إخراج إلى حالة الانتظار حتى يأتي دورها في التنفيذ, مع استمرار الإدخال و الإخراج لها. و كلما حان دورها للتنفيذ على المعالج تذهب إلى المعالج لحظيا ثم تعود ثانيا إلى حالة الانتظار و هكذا حتى ينتهى الإدخال أو الإخراج لها. ما تأثير ذلك على:

أ. طول طابور انتظار المهام
ب. الوقت الضائع لتحويل المهام من حالة التنفيذ إلى حالة الانتظار
ت. الزمن الكلى للإدخال أو الإخراج
ث. إمكانية أن تتمكن مهمة من التنفيذ على المعالج فوريا بمجرد انتهاء الإدخال لها

ج. أولوية المهمة المنتظرة لانتهاء الإدخال أو الإخراج

ح. زمن الاستجابة للمهمة المنتظرة لانتهاء الإدخال أو الإخراج

خ. متوسط زمن الاستجابة لجميع المهام

د. الزمن الكلى للمهمة المنتظرة لانتهاء الإدخال أو الإخراج

ذ. متوسط الزمن الكلى لجميع المهام

ر. إنتاجية المعالج

ز. تفضيل المعالج للمهام المحدودة بالإدخال و الإخراج على المهام المحدودة بالمعالج

13. أعد السؤال السابق مع تقليل الأولوية للمهمة بمقدار **1** في كل مرة تترك فيها المهمة المعالج بسبب الإدخال أو الإخراج, و تعود لحالة الانتظار.

الفصل

الثالث

الفصل الثالث

إدارة الذاكرة
Memory Management

إدارة الذاكرة تأتى فى الأهمية بعد المعالج نظرا لأهمية الذاكرة فى التفاعل مع المعالج و البرمجيات.

إدارة الذاكرة هى وظيفة لنظام التشغيل مسئولة عن إدارة ذاكرة الكمبيوتر و الحاسوب الرئيسية.

من ضمن وظيفة إدارة الذاكرة تتبع حالة كل موقع ذاكرة، محجوز أم فارغ.
كما أنها تحدد كيف يتم تخصيص الذاكرة بين العمليات و المهام المتنافسة، و تحديد المهمة التى تحصل على الذاكرة، متى تحصل عليها، و حجم الذاكرة المسموحة لها.

عندما يتم تخصيص الذاكرة لمهمة معينة, فإن نظام التشغيل يقوم بتحديد المواقع التي سيتم تخصيصها للمهمة فى الذاكرة الرئيسية.
ويتابع أيضا عندما يتم تحرير الذاكرة أو تصبح غير مخصصة لتحديث حالتها فى النظام, و بيان أن هذه الأجزاء من الذاكرة فارغة الآن و يمكن تخصيصها و استخدامها فى المستقبل.

الذاكرة الافتراضية

Virtual Memory

هى ذاكرة عادة ما تكون على التخزين الثانوى (الأسطوانة الصلبة وما شابهها), تستخدم كملحق للذاكرة الرئيسية.

يتم تخصيص مساحة معينة من وسط التخزين الثانوى لاستخدامها كذاكرة افتراضية.

لذلك هى تعتبر ذاكرة أيضا (افتراضيا), ومن هنا جاءت التسمية.

يتم نقل المهام ما بين الذاكرة الرئيسية و الافتراضية حسب الحاجة والمساحة الفارغة.

عند امتلاء الذاكرة الرئيسية يقوم نظام التشغيل بنقل مهمة أو أكثر من الذاكرة الرئيسية إلى الافتراضية.

عند وجود مساحة خالية فى الذاكرة الرئيسية يتم إعادة إحدى المهام المخزنة فى الذاكرة الافتراضية إلى الذاكرة الرئيسية.

<u>سياسات إزاحة (خروج) القطع و الصفحات من الذاكرة</u>

Page Replacement Policies

هذه بعض السياسات المتبعة لاستبدال الصفحة/القطعة/المهمة من الذاكرة الرئيسية بأخرى
من الذاكرة الافتراضية:

<u>1. من يدخل أولا يخرج أولا</u>

FIFO: First In First Out

من دخل الذاكرة الرئيسية أولا يخرج أولا, على مستوى الصفحة أو القطعة أو المهمة

<u>2. من يدخل آخرا يخرج أولا</u>

LIFO: Last In First Out

من دخل الذاكرة الرئيسية آخرا يخرج أولا, على مستوى الصفحة أو القطعة أو المهمة

<u>3. خروج المهمة الأقدم من حيث الاستخدام</u>

Least Recently Used (LRU)

هنا يتم خروج المهمة التى لم تستخدم المعالج منذ أطول فترة مضت

أو الصفحة التى تم الوصول إليها منذ أطول فترة مضت

4. خروج المهمة الأحدث من حيث الاستخدام

Most Recently Used (MRU)

هنا يتم خروج المهمة التى استخدمت المعالج لتوها (أحدث استخدام)

أو الصفحة التى تم الوصول إليها منذ أقصر فترة مضت

5. خروج المهمة الأكثر استخداما

Most Frequently Used (MFU)

هنا يتم خروج المهمة التى استخدمت المعالج بكثرة عن باقى المهام (أكثر استخدام)

أو الصفحة التى تم الوصول إليها أكثر من باقى الصفحات

6. خروج المهمة الأقل استخداما

Least Frequently Used (LFU)

هنا يتم خروج المهمة التى استخدمت المعالج أقل من باقى المهام (أقل استخدام)

أو الصفحة التى تم الوصول إليها أقل من باقى الصفحات.

<u>**طرق تقسيم الذاكرة**</u>

سنوضح الآن بعض طرق تقسيم و تنظيم الذاكرة الرئيسية, مركزين على أكثرها استخداما و شيوعا الآن.

1. الذاكرة كلها قطعة واحدة:

One Partition

شكل رقم 4: الذاكرة الرئيسية كقطعة واحدة

﹏ نظام قديم فى الحواسيب الأولى

﹏ لا يستخدم الآن

﹏ الذاكرة هنا قطعة واحدة

﹏ برنامج واحد عادة فى الذاكرة

+ مزايا

﹏ غاية السهولة فى التنفيذ

﹏ عدم وجود تجزئة داخلية أو خارجية

− مشاكل

﹏ طريقة غير عملية عند تعدد المهام

﹏ عدم المرونة مع حجم المهمة

﹏ عدم استغلال المساحات الفارغة

2. الأقسام و القطع ثابتة الحجم:
Fixed Partitions

يتم تقسيم الذاكرة الرئيسية الفعلية إلى أقسام ثابتة.

يتم استخدام سجل قاعدى يخزن فيه عنوان خلية الذاكرة الأولى فى القسم.

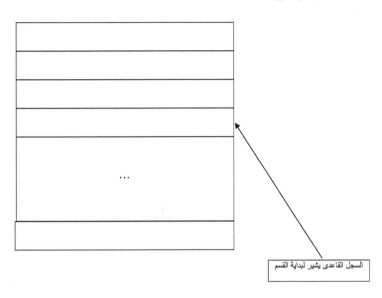

السجل القاعدى يشير لبداية القسم

شكل رقم 5: الذاكرة الرئيسية كأقسام ثابتة الحجم

🔸 متطلبات العتاد: سجل قاعدى يخزن فيه عنوان أول خلية فى القسم

🔸 العنوان الفعلي = العنوان الظاهرى + القيمة فى السجل القاعدى

🔸 السجل القاعدى يتم تحميله من قبل OS عندما يتحول إلى عملية أو مهمة

🔸 حجم كل قسم هو نفسه فى جميع الأحوال (ثابت)

🔸 يمكننا توفير الحماية هنا بعدة طرق

+ مزايا

◂ سهلة التنفيذ

◂ سرعة التبديل فى السياق بين المهام

- مشاكل

◂ التجزئة الداخلية: الذاكرة الغير مستخدمة في قسم ثابت تابع لعملية, ليست متاحة للاستخدام لعمليات أخرى

◂ حجم القسم الثابت: حجم واحد لا يناسب الجميع

◂ للعمليات الكبيرة جدا, تحتاج العملية للعديد من الأقسام الثابتة

3. القطع المتغيرة و الإزاحة:

Variable Segments & Offset

طريقة طبيعية الفكرة: يتم فيها تقسيم الذاكرة الفعلية إلى أقسام متغيرة الحجم.

يتم فيها استخدام سجل قاعدي يخزن فيه عنوان خلية الذاكرة الأولى فى القطعة.

نظرا لتغير حجم القطعة, لابد من تحميل حجم القطعة المتعامل معها حاليا فى مكان ما: يسمى السجل الحدى.

الشكل التالى (رقم 6), يوضح القطع المتغيرة و الإزاحة.

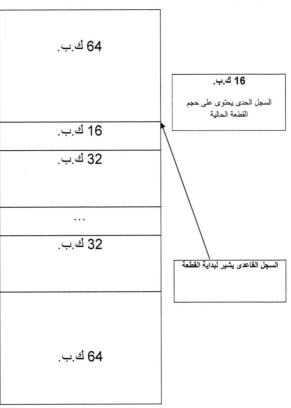

شكل رقم 6: الذاكرة الرئيسية كقطع متغيرة الحجم

🔸 متطلبات العتاد: سجل قاعدى و سجل حدى.

🔸 السجل القاعدى يخزن عنوان أول خلية ذاكرة فى القطعة الحالية

- السجل الحدى مطلوب نظرا لتغير حجم كل قطعة عن مثيلاتها.
- العنوان الفعلي = العنوان الظاهرى + القيمة المخزنة فى السجل القاعدى.
- لماذا نحتاج إلى السجل الحدى؟ لحماية الذاكرة من الوصول الخاطىء.
- إذا (العنوان الفعلى > القيمة فى السجل القاعدى + القيمة فى السجل الحدى) يحدث خطأ وصول للذاكرة.

+ مزايا

- المرونة
- حسن الاستجابة لمتطلبات المهام من الذاكرة
- كفاءة توزيع الذاكرة على المهام حسب أحجامها
- لا تجزئة داخلية للمهمة: تخصيص ما يكفي للمهمة عند دخولها الذاكرة, نظرا لتغير حجم القطع

- مشاكل

- سوء التجزئة الخارجية للمهمة: تحميل وتفريغ المهمة من الذاكرة ينتج عنه ثقوب فارغة منتشرة في جميع أنحاء الذاكرة
- من وقت للآخر يحتاج نظام التشغيل تجميع الثقوب الصغيرة المتروكة فى الذاكرة من توالى الاستخدام فى قطعة كبيرة او أكثر حسب الظروف. وتسمى هذه العملية تجميع مخلفات الذكرة أو

Garbage Collection

4. الصفحات:

Paging

نظام الصفحات يحل مشكلة التجزئة الداخلية و الخارجية عن طريق استخدام حجم واحد للصفحة فى الذاكرة الرئيسية و الافتراضية (صفحة):

Page

تنقسم الذاكرة إلى قطع صغيرة ذات حجم ثابت تسمى صفحات أو إطارات و تحتوى العملية على صفحات.

في حالة استخدام نظام الصفحات , يتم استخدام عتاد مخصوص لترجمة العنوان المنطقى لعنوان فعلى. تسمى هذه العملية:

Hardware Translation

العتاد المخصوص بالترجمة يقوم بالبحث فى جدول الصفحات لمعرفة العنوان الفعلى المناظر للعنوان المنطقى.

في أبسط شكل , العنوان المنطقي هو الموقع النسبي من بداية البرنامج ويترجم المعالج العنوان المنطقي لعنوان فعلى.

الإزاحة فى الصفحة	رقم الصفحة	
ا	ص	
ن	م – ن	:عدد البتات

شكل رقم 7: العنوان المنطقى و تكوينه من رقم صفحة و إزاحة

إذا تم تحديد حجم الصفحة ك **$2^{ن}$** بايت, سوف تكون البتات (1و0) المتبقية في العنوان النسبي هى المحددة للحد الأقصى لعدد الصفحات المسموح بها في المهمة أو العملية.

جدول الصفحات: Page Table

عرف

هو جدول فى الذاكرة يخزن التناظر ما بين العنوان المنطقى و العنوان الفعلى لكل مهمة.

يقوم نظام التشغيل بخلق جدول الصفحات لكل مهمة عند خلقها أول مرة, ثم صيانته بعد ذلك حسب الحاجة.

فى الشكل التالى (*رقم 8*) يتم تحويل العنوان المنطقى لعنوان فعلى كما يلى:

1. يتم استقطاع الجزء من العنوان المنطقى **(ا , ص)** المناظر لرقم الصفحة, (ص).

2. يتم استخدام (ص) للوصول للخلية رقم (ص) فى جدول الصفحات, التى تحتوى على رقم الإطار المناظر لها فى الذاكرة الرئيسية (ط).

3. يتم استخلاص (ط) من جدول الصفحات و نسخه فى جزء العنوان الفعلى الخاص بالإطار.

4. يتم نسخ الإزاحة (ا) كما هى من العنوان المنطقى للعنوان الفعلى.

5. يتم استخدام العنوان الفعلى **(ا , ط)** للوصول للخلية فى الذاكرة الرئيسية الموجودة فى إطار (ط) بإزاحة (ا) من بداية الإطار.

6. يتم استخدام محتوى هذه الخلية كمحتوى العنوان المنطقى **(ا , ص)**.

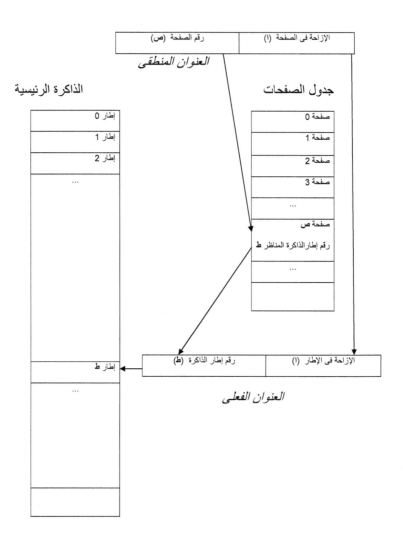

شكل رقم 8: جدول الصفحات و تحويل العنوان المنطقى إلى عنوان فعلى

+ مزايا

🔸 يسمح هذا النظام للعملية أو المهمة الواحدة أن تحتوى على مساحات عناوين غير متجاورة.

🔸 الذاكرة الضائعة عند النقل إلى الذاكرة الرئيسية هى فقط بسبب الانقسام الداخلي و هى جزء فقط في الصفحة الأخيرة من العملية.

🔸 الصفحات تمثل أقسام صغيرة سهلة الإنشاء.

🔸 يمكن تخصيص أكثر من قسم لعملية واحدة.

- مشاكل

🔸 سيزداد زمن التحول بين المهام لتعديل و ضبط الإشارات لجدول الصفحات.

🔸 توجد تكلفة إضافية فى هذه الطريقة لإنشاء وصيانة جدول الصفحات لكل مهمة.

🔸 توجد تكلفة إضافية فى هذه الطريقة لاستخلاص العنوان الفعلى من العنوان المنطقى.

أسئلة مراجعة للفصل الثالث

1. عرف ما المقصود بإدارة الذاكرة.

2. ما هو استخدام الذاكرة الرئيسية؟

3. ما الفرق بين الذاكرة الرئيسية و الثانوية؟

4. ما هي أبسط طرق تقسيم و إدارة الذاكرة؟ اشرح مزاياها و عيوبها.

5. ما هى أكفأ طريقة لإدارة الذاكرة؟

6. ما مزايا و عيوب نظام الأقسام الثابتة؟

7. ما مزايا و عيوب نظام القطع و الإزاحة؟

8. عرف جدول الصفحات, مع شرح استخدامه فى الوصول للعنوان الفعلى.

9. ما هي أكثر طرق تقسيم و إدارة الذاكرة استخداما الآن؟ و لماذا؟

10. اشرح إدارة و تقسيم الذاكرة باستخدام الصفحات.

11. ما مزايا و عيوب تقسيم الذاكرة باستخدام الصفحات؟

12. لماذا نحتاج للذاكرة الافتراضية؟

13. باستخدام الجداول التالية, حدد المهمة التى تخرج أولا من الذاكرة الرئيسية للافتراضية فى كل طريقة:

أ.

T1	T2	T3	T4	T5	T6	T7	T8	الزمن
A	B	C	D					ترتيب دخول الذاكرة لرئيسية
11	8	12	19					تكرار الاستخدام
A	B	B	A	C	C	D	D	زمن الاستخدام

من استخدم قديما يخرج LRU	من استخدم حديثا يخرج MRU	الأقل استخداما يخرج LFU	الأكثر استخداما يخرج MFU	من يدخل آخرا يخرج أولا LIFO	من يدخل أولا يخرج أولا FIFO	الطريقة
						المهمة التى تخرج

ب.

T1	T2	T3	T4	T5	T6	T7	T8	الزمن
A	B	C	D	E				ترتيب دخول الذاكرة لرئيسية
12	7	17	2	10				تكرار الاستخدام
A	A	B	C	C	D	E	C	زمن الاستخدام

من استخدم قديما يخرج LRU	من استخدم حديثا يخرج MRU	الأقل استخداما يخرج LFU	الأكثر استخداما يخرج MFU	من يدخل آخرا يخرج أولا LIFO	من يدخل أولا يخرج أولا FIFO	الطريقة
						المهمة التى تخرج

ت.

الزمن	T1	T2	T3	T4	T5	T6	T7	T8
ترتيب دخول الذاكرة لرئيسية	A	B	C	D	E			
تكرار الاستخدام	9	18	10	6	11			
زمن الاستخدام	A	B	B	C	B	D	E	A

الطريقة	من استخدم قديما يخرج LRU	من استخدم حديثا يخرج MRU	الأقل استخداما يخرج LFU	الأكثر استخداما يخرج MFU	من يدخل آخرا يخرج أولا LIFO	من يدخل أولا يخرج أولا FIFO
المهمة التي تخرج						

الفصل الرابع

الفصل الرابع

إدارة الإدخال و الإخراج
Input & Output (I/O) Management

يقوم نظام التشغيل بإدارة أجهزة الإدخال و الإخراج فى الحاسوب.

تلك الأجهزة هى المسئولة عن إدخال و إمداد البيانات للحاسوب مثل لوحة المفاتيح و الفأرة, و أيضا عرض البيانات و المخرجات من الحاسوب مثل الشاشة و الطابعة.

تجدر الإشارة هنا أن كل جهاز إدخال أو إخراج Peripheral Device يوجد له, و يناظره نقطة وصول, ومنطقة تخزين.

 نقطة وصول Port

هذه هى النقطة فى العتاد التى يتم فيها قراءة البيانات من جهاز الإدخال أو كتابة البيانات على جهاز الإخراج.

كل جهاز إدخال أو إخراج لديه نقطة وصول أو أكثر خاصة به وحده, و لا ينازعه فيها جهاز آخر.

Buffer منطقة تخزين

هذه المنطقة عادة تكون فى الذاكرة الرئيسية أو على جهاز الإدخال أو الإخراج نفسه.
و تستخدم لتخزين البيانات المدخلة من جهاز الإدخال أو المخرجة إلى جهاز الإخراج بصورة مؤقتة لحين التعامل معها و نقلها من منطقة التخزين إلى نقطة الوصول فى حالة جهاز الإدخال, أو الإخراج.

معظم أجهزة الإدخال و الإخراج أبطأ بكثير من المعالج. لذلك لابد من إيجاد طريقة لتلافى ربط المعالج السريع جدا بأجهزة الإدخال و الإخراج البطيئة.

هناك طريقتان رئيسيتان لإدارة الإدخال و الإخراج, الاستفتاء و لفت الانتباه.

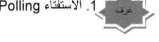

1. الاستفتاء Polling

فى هذه الطريقة يقوم المعالج و نظام التشغيل باستفتاء (من هنا جاءت التسمية) أجهزة الإدخال أو الإخراج بصورة دورية و النظر إذا كان لدى أى جهاز منها بيانات مدخلة أو مخرجة.
يتم ذلك عن طريق فحص نقطة الوصول كل لجهاز لمعرفة وجود بيانات من عدمه. عند نهاية فحص نقاط الوصول لجميع الأجهزة, يتم بدء دورة جديدة من الاستفتاء بعد انقضاء فترة زمنية معينة.

+ مزايا

◄ عدم الحاجة لخط خاص على المعالج لمقاطعته أو لفت انتباهه.

◄ سهولة الطريقة من حيث الإجراء و التنفيذ.

◄ بديهية الطريقة و عدم التعقيد

‑ مشاكل

◄ قلة الكفاءة الزمنية و المساحية.

◄ ضياع الوقت فى استفتاء أجهزة خاملة قلما يوجد لديها إدخال أو إخراج.

2. لفت الانتباه Interrupt

فى هذه الطريقة ينتظر المعالج أن يقوم جهاز الإدخال أو الإخراج بإرسال إشارة مقاطعة أو لفت انتباه للمعالج على خط مخصص لذلك على جسم المعالج.

تسمى هذه الإشارة بلفت الانتباه أو Interrupt

عند وصول هذه الإشارة, يقوم المعالج و نظام التشغيل بالالتفات لهذا الجهاز المعين و قراءة البيانات من نقطة الوصول لأجهزة الإدخال, أو كتابة البيانات على نقطة الوصول لأجهزة الإخراج.

+ مزايا

◄ أكثر كفاءة من الاستفتاء من الناحية الزمنية و المساحية.

- عدم ضياع الوقت فى استفتاء أجهزة خاملة قلما يوجد لديها إدخال أو إخراج, و الالتفات فقط للجهاز الذى لديه مدخل أو مخرج.

- مشاكل

- الحاجة لخط خاص على المعالج لمقاطعته أو لفت انتباهه.
- صعوبة الطريقة من حيث الإجراء و التنفيذ.

تزامن العمل الآنى لأجهزة الإخراج (SPOOLING)

يقوم نظام التشغيل بتخصيص مساحة في الذاكرة الرئيسية ينقل إليها الملف المراد إخراجه دفعة واحدة أو عدة دفعات كبيرة الحجم. ثم تقوم مهمة ال SPOOLer فى نظام التشغيل بإرسال الملف قطعة بقطعة إلى جهاز الإخراج مثل الطابعة أو البلوتر.

+ مزايا

- أكثر كفاءة فى إخراج الملفات كبيرة الحجم (طباعة عادة).
- تقليل الزمن الكلى للمهام المحدودة بالإخراج.
- زيادة إنتاجية المعالج.

- مشاكل

- الحاجة لمهمة خاصة في نظام التشغيل تزيد من تعقيده.

أسئلة مراجعة للفصل الرابع

1. ما هو ميناء (نقطة) الوصول؟

2. ما هي منطقة التخزين المؤقت؟ ما استخدامها لأجهزة الإدخال و الإخراج؟

3. ما هو SPOOLING (تزامن العمل الآنى لأجهزة الإخراج)؟ ما هي فائدته؟

4. اشرح طريقة الاستفتاء للتعامل مع أجهزة الإدخال و الإخراج.

5. اشرح طريقة لفت الانتباه للتعامل مع أجهزة الإدخال والإخراج.

6. باختصار شديد, ما الفرق بين طريقتى الاستفتاء و لفت الانتباه فى إدارة الإدخال و الإخراج؟

7. ما مزايا و عيوب نظام الاستفتاء فى إدارة الإدخال و الإخراج؟

8. ما مزايا و عيوب نظام لفت الانتباه فى إدارة الإدخال و الإخراج؟

9. عرف منطقة التخزين, مع شرح استخدامها فى أجهزة الإدخال و الإخراج.

10.   لكل حالة من الحالات الآتية حدد ما إذا كان الاستفتاء أفضل أم لفت الانتباه:

أ. جميع الأجهزة مستخدمة بكثرة و بصفة دورية منتظمة

ب. 5 أجهزة فقط تستخدم بكثرة و بصفة دورية منتظمة و 59 جهاز خامل

ت. نصف الأجهزة خامل و النصف الآخر يستخدم بكثرة و تكلفة العتاد رخيصة

ث. نصف الأجهزة خامل و النصف الآخر يستخدم بكثرة و تكلفة العتاد مرتفعة جدا

الفصل الخامس

الفصل الخامس

إدارة التّخزين الثانوى
Secondary Storage Management

سنقوم فى هذا الفصل بتوضيح بعض طرق و تقنيات إدارة التخزين الثانوى و أجهزته, مثل الأسطوانة الصلبة Hard Disk

لكل جهاز تخزين ثانوى, توجد منطقة تخزين فى الذاكرة الرئيسية أو على الجهاز نفسه:

عرف

باافر Buffer

تستخدم منطقة التخزين هذه لحفظ كمية من البيانات يتم استرجاعها مرة واحدة أو أكثر من جهاز التخزين الثانوى, لحين نقلها أو استخدامها بواسطة المعالج.

هذا الحفظ يتلائم و يتوافق مع مبدأ تجاور الوصول:

عرف

مبدأ تجاور الوصول Principle of Locality of Access

هذا المبدأ ينص على تجاور الوصول, أى أنه عند الوصول للقراءة أو الكتابة لكلمة على التخزين, فإنه من المرجح أن نحتاج للوصول للكلمات المجاورة فى القريب العاجل.

يقوم نظام التشغيل بتنظيم و حفظ جداول داخلية فى الذاكرة لكل جهاز تخزين خارجى.

هذه الجداول تحتوى على بيانات الصفحات (راجع الفصل الثالث), التى تم التعديل فيها بدون كتابتها على جهاز التخزين الخارجى.

الصفحة المتسخة: تسمى تلك الصفحة أو الصفحات التى تم تعديلها فى الكاش دون الذاكرة الرئيسية, أو تم تعديلها في الذاكرة الرئيسية دون التخزين الثانوى, الصفحة المتسخة. لأنها تحتاج أن تكتب على جهاز التخزين الثانوى, قبل أن تكون صحيحة 100% و جاهزة للقراءة مرة أخرى من جهاز التخزين الثانوى. كذلك بالمثل بين الكاش و الذاكرة الرئيسية.

هناك طريقتان أساسيتان للتعامل مع الصفحة المتسخة:

1. تأجيل كتابتها لمدة زمنية دورية معينة.

+ مزايا:

- زيادة إنتاجية المعالج, و تفرغ المعالج للمهام الحسابية و المنطقية أكثر.
- تسهيل عملية النسخ التزامنى.
- ثبات الفترة الزمنية بين عمليات النسخ التزامنى.

- مشاكل:

- زيادة احتمال ضياع المحتوى المعدل عند حدوث خلل, مثل انقطاع التيار الكهربى.
- زيادة زمن القفل (Lock), أو ما شابه ذلك, على المحتوى المعدل, لضمان عدم كتابة الصفحة القديمة التي تم تعديلها في الصفحة المتسخة, بواسطة مهمة أخرى.

2. كتابتها مباشرة بمجرد اتساخها (تعديلها).

+ مزايا:

⤶ قلة احتمال ضياع المحتوى المعدل عند حدوث خلل, مثل انقطاع التيار الكهربى.

⤶ قلة زمن القفل (Lock), أو ما شابه ذلك, على المحتوى المعدل, لضمان عدم كتابة الصفحة القديمة التي تم تعديلها في الصفحة المتسخة, بواسطة مهمة أخرى.

- مشاكل:

⤶ قلة إنتاجية المعالج, لضياع وقت أطول فى النسخ التزامنى المتكرر.

⤶ تكرار و صعوبة عمليات النسخ التزامنى.

⤶ عدم ثبات الفترة الزمنية بين عمليات النسخ التزامنى.

الشكل التالى (رقم 9) يوضح التسلسل الهرمى لأنواع الذاكرة الثلاثة.

<u>لاحظ مع اتجاه السهم لأعلى:</u>

1. زيادة سرعة الوصول:

تكنولوجيا الوصول فى الكاش أفضل من الذاكرة الرئيسية أفضل من التخزين الثانوى.

2. غلو ثمن الوحدة:

تكنولوجيا الكاش أكثر تكلفة من الذاكرة الرئيسية أكثر تكلفة من التخزين الثانوى.

3. قلة السعة:

نظرا لغلو ثمن الوحدة و عدم الحاجة لحجم كبير جدا, الكاش أصغر من الذاكرة الرئيسية أصغر من التخزين الثانوى الذى يعد الأكبر حجما.

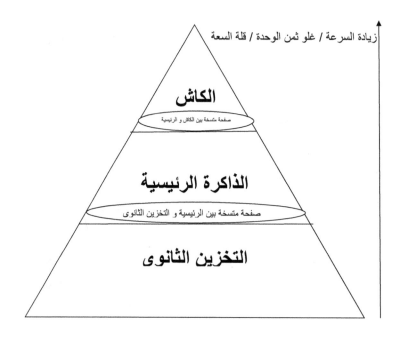

شكل رقم 9: التسلسل الهرمى لذاكرة الكاش و الرئيسية و الثانوية

عرف

الوصول المباشر للذاكرة
Direct Memory Access (DMA)

هو طريقة متقدمة للإدخال و الإخراج لزيادة كفاءة الحاسوب.

يتم فيها حجز مكان فى الذاكرة الرئيسية للتواصل مع أجهزة التخزين الثانوى البطيئة, بدون الحاجة للمعالج الرئيسى فى الحاسوب.

تحتاج هذه الطريقة لمعالج ثانوى خاص بها, ينظم انتقال البيانات ما بين التخزين الثانوى و الذاكرة الرئيسية.

+ مزايا:

- تفرغ المعالج للمهام الحسابية و المنطقية أكثر.
- عدم إضاعة وقت المعالج فى انتظار و مراقبة انتقال البيانات ما بين التخزين الثانوى و الذاكرة الرئيسية.
- توفير جزء كبير من الوقت المستهلك فى تحول المهام من التنفيذ إلى التعليق إلى الانتظار.

- مشاكل:

🔸 الحاجة إلى عتاد مخصوص لتنظيم انتقال البيانات ما بين الذاكرة الرئيسية و التخزين الثانوى.

🔸 الحاجة لتخصيص و حجز جزء من الذاكرة الرئيسية للوصول المباشر.

أسئلة مراجعة للفصل الخامس

1. عرف ما المقصود بالوصول المباشر للذاكرة.

2. ما هى مزايا و عيوب الوصول المباشر للذاكرة؟

3. اشرح استخدام منطقة التخزين على أجهزة الإدخال و الإخراج.

4. ما هو مبدأ تجاور الوصول؟

5. اشرح كيف يمكن الاستفادة من مبدأ تجاور الوصول فى تنظيم الوصول للبيانات.

6. ما هى الصفحة المتسخة فى إدارة التخزين الثانوى؟

7. وضح التسلسل الهرمى لأنواع الذاكرة الثلاثة (الكاش و الرئيسية و الثانوية). وضح على الهرم اتجاه كل من: زيادة السعة ـ رخص الثمن للوحدة ـ سرعة الوصول.

الفصل السادس

<u>الفصل السادس</u>

<u>واجهة المستخدم</u>
<u>User Interface</u>

واجهة المستخدم أو User Interface (UI)

واجهة المستخدم تمثل بيئة أو بنيه للتَّفاعل بين المستخدم والحاسوب

كما تزود النظام ب:

واجهة برمجة و تفاعل مع التطبيقات Application Programming Interface (API)

واجهة البرمجة هذه تقوم بتوفير طريقة متسقة منتظمة و بيئة تفاعل موحدة للتطبيقات لاستخدام موارد نظام الحاسوب.

في السنوات الماضية، تقريبًا كلّ النّموّ في واجهات المستخدم كان في مجال واجهة المستخدم الرسومية

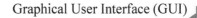

Graphical User Interface (GUI)

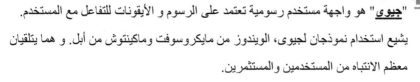

"<u>**جيوى**</u>" هو واجهة مستخدم رسومية تعتمد على الرسوم و الأيقونات للتفاعل مع المستخدم. يشيع استخدام نموذجان لجيوى، الويندوز من مايكروسوفت وماكينتوش من أبل. و هما يتلقيان معظم الانتباه من المستخدمين والمستثمرين.

عرف

الأيقونة Icon

هى رمز رسومى لبرنامج أو ملف أو فهرس. ويتم تفعيلها أو تنفيذها بالضغط عليها ضغطة مزدوجة من الفأرة, أو اختيارها بالوقوف عليها ثم ضغط زر الإدخال.

الشكل التالى يوضح أيقونة لملف مضغوط.

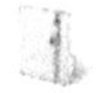

sa4lite.zip

شكل رقم 10: أيقونة ملف مضغوط

واجهة المستخدم الرسومية (جيوى) عادة ما تبدو كما فى الشكل التالى.

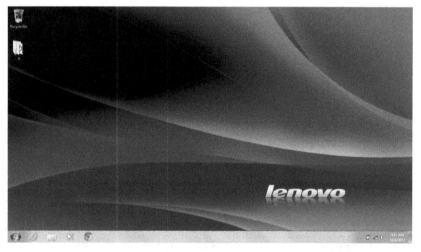

شكل رقم 11: جيوى به سطح المكتب فى نظام التشغيل ويندوز 7

وتتكون واجهة المستخدم الرسومية من سطح المكتب و شريط الحالة الذى يوجد أسفل الشاشة

Desktop & Status Bar

فى الشكل, لكن يمكن تحريكه.

سطح المكتب يمثل مساحة للعمل و النسخ مثل سطح مكتب حقيقى لدى طالب أو موظف للعمل فوقه.

أما شريط الحالة فله استخدامات متعددة, منها عرض التاريخ و التوقيت.

كما يحتوى على قائمة الإطلاق السريع التى تستخدم لبدء برامج بمجرد الضغط على أيقونتهم

Quick Launch Menu

المتواجدة فى قائمة الإطلاق السريع فى شريط الحالة.

كما يحتوى على أيقونة قائمة البداية و أيقونات البرامج الموجودة فى الذاكرة حاليا.

على الرغم من ذلك, هناك واجهات مستخدم أخرى، بعضها رسومى والبعض لأخر ليس كذلك لنظم التشغيل الأخرى.

مثلا نظام الضوس من شركة مايكروسوفت العالمية

DOS (Disk Operating System) Microsoft

كان أحد أهم أنظمة التشغيل حين ظهوره و اعتمد على واجهة مستخدم نصية.

Text User Interface (TUI)

الشكل التالى يوضح صورة تنفيذ أمر عرض الملفات فى الفهرس الحالى عند تشغيل قشرة

Shell   DIR

شبيهة بما كان عليه واجهة المستخدم النصية فى نظام الضوس.

لاحظ وجود مستحثة النظام قبل كتابة أى أمر على هيئة علامة أكبر من

➢   DOS Prompt

وهى ترمز لاستعداد الحاسوب لتلقى أوامر جديدة, و من ثم تنفيذها.

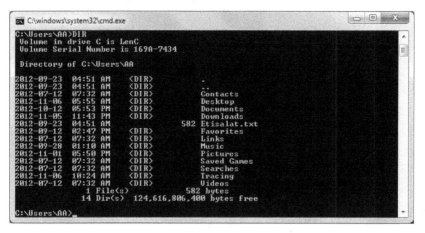

شكل رقم 12: نموذج لواجهة المستخدم النصية

قائمة البداية Start Menu تتواجد فى معظم واجهات المستخدم الرسومية لأنظمة التشغيل.

وتحتوى ـ كما فى الشكل التالى ـ على وصلات و أيقونات شائعة الاستعمال .

شكل رقم 13: قائمة البدء فى نظام التشغيل ويندوز 7

Start Menu

لاحظ وجود وظيفة فى قائمة البدء تسمى حاسوبى أو

عرف

My Computer / Computer

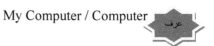

هذه الوظيفة – عند اختيارها- تعرض أجهزة التخزين المختلفة المتصلة بالحاسوب, كما فى الشكل التالى.

شكل رقم 14: شاشة حاسوبى

My Computer Window

يمكن أيضا تنفيذ مجموعة من المهام خاصة بكل أيقونة و تعتمد على نوعها و طبيعتها, عبر:

عرف

قائمة الوصول السهل أو الوظائف سهلة الوصول Easy Access Menu

.

هذه القائمة يتم فتحها عن طريق الوقوف على الأيقونة, و ضغط الزر الأيمن للفأرة.

Mouse Right-Click

الشكلان التاليان يوضحان قائمة الوظائف سهلة الوصول لملف على سطح المكتب, و سلة المهملات, على الترتيب.

عرف

سلة المهملات هى مكان مؤقت لتخزين الملفات و الفهارس التى تم حذفها. و بذلك نتيح الفرصة للمستخدم أن يسترجع ملفا تم حذفه عبر إعادته من سلة المهملات.

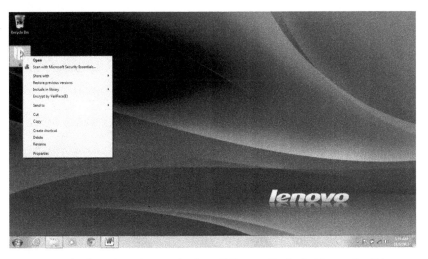

شكل رقم 15: قائمة "الوظائف سهلة الوصول" لعنصر ملف على سطح المكتب

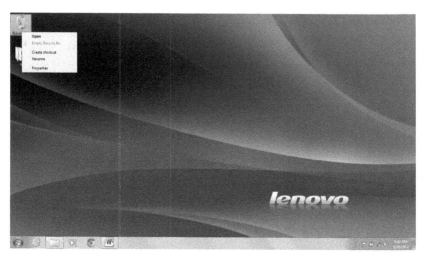

شكل رقم 16: قائمة "الوظائف سهلة الوصول" لسلة المهملات

على سبيل المثال أيضا، نظام التشغيل يونيكس عنده واجهة مستخدم تسمى قشرة

Shell   UNIX

و تقدّم واجهة مستخدم أكثر مرونة وأقوى من نظم التّشغيل التى كانت مستخدمة عندئذ,
ذات واجهات المستخدم النصية.

بعض الواجهات لنظام يونيكس, مثل كورن شل و سى شل, لها واجهة مستخدم نصية

C Shell   &   Korn Shell

لكنها توفر منافع وتضيف مرافق مهمة، لكن غرضهم الرئيسى هو جعل المستخدم يستغل
وظائف نظام التشغيل بسهولة.

نظام التشغيل لينوكس ظهر لاحقا, ويشبه يونيكس لحد كبير, لكنه عادة مجانى.

Linux

أيضًا هناك واجهات مستخدم رسومية مثل:

X-Windows & Gnome

تستخدم على نظامى يونيكس و لينوكس, أكثر تشابها مع واجهات الويندوز والماكنتوش الرسومية.

إنّه لمن المهم أن نتذكر أن في كل هذه الأمثلة، أن واجهة المستخدم عبارة عن برنامج أو مجموعة برامج تعد كطبقة فوق نظام التّشغيل نفسه.

من أهم وظائف نظام التشغيل، إدارة أجزاء نظام الحاسوب، وتقع في لب نظام التشغيل,

عرف

Kernel أو مدير العرض

اللب هو مجموعة من البرمجيات الأساسية لعمل نظام التشغيل. و يحتوى على معظم أو جميع الوظائف الرئيسية لنظام التشغيل.

اللب قد يكون منفصلا، أو أنه قد يربط بإحكام إلى باقى أجزاء نظام التشغيل.
العلاقات بين لب نظام التّشغيل وواجهة المستخدم والمرافق والبرامج الأخرى، تعرف وتبين كثير من الاختلافات بين العديد من نظم التشغيل اليوم.

ظهرت في السنوات الأخيرة أنظمة تشغيل أجهزة المحمول و التابلت مثل:

أندرويد Android

آبل آى أو إس Apple iOS

بلاك بيرى أو إس BlackBerry OS

ويندوز أو إس Windows OS

بادا BADA

بالم أو إس Palm OS

أوبن ويب أو إس Open WebOS

مايمو Maemo

ميجو MeeGo

فيرديكت Verdict

تلك الأنظمة تلائم أجهزة التليفون المحمول, و تحاكى معظم إمكانيات الحاسوب المنزلى. لكن نظرا لصغر حجم الشاشة, فإن تطبيقات المحمول عادة ما تسمح بسحب الشاشة لأعلى أو لأسفل أو لليمين أو لليسار. كما تسمح بتكبير الشاشة عدة مرات, ثم إعادة تصغيرها حتى الوصول للحجم الأصلى.

الشكل التالى يوضح شاشة موبايل يستخدم أندرويد 7.1.1.

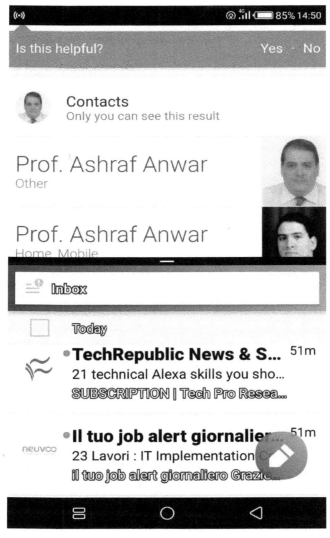

شكل رقم 17: شاشة أندرويد مقسومة، لتظهر تطبيقى متصفح جوجل و بريد ياهو

أسئلة مراجعة للفصل السادس

1. عرف ما المقصود بواجهة المستخدم.

2. عرف لب النظام Kernel.

3. ما هى أبسط واجهة للمستخدم؟

4. ما الفرق بين واجهة المستخدم النصية و الرسومية؟

5. ما دور مستحثة النظام فى الواجهة النصية؟

6. اذكر مثالا لنظام تشغيل ذى واجهة نصية.

7. اذكر 3 أمثلة لأنظمة تشغيل ذات واجهة رسومية.

8. اذكر 5 أمثلة لأنظمة تشغيل للموبايل.

الفصل

السابع

الفصل السابع

مصطلحات
Terminology

عرف
المستخدم
User

يقوم بعمله على الحاسوب مستخدما نظام التشغيل.

وهو يُعرِّف بأي شخص يرغب في عمل أي شيء على الحاسوب .

عرف
العمل أو المهمة
Job

مجموعة من الفعاليات المطلوب تنفيذها على المعالج مثل البرامج

Programs

عرف
خطوات العمل
Job Steps

وحدات من العمل التي يجب أن تتم بالتسلسل مثل : ترجمة / تحميل / تنفيذ

Compile / Load / Execute

أو أدخل عددين / اجمع العددين / اطبع ناتج الجمع

Input Numbers / Add them / Print Sum

فلا يعقل مثلا أن نطبع ناتج الجمع قبل إدخال العددين المراد جمعهما.

لذلك لابد من مراعاة التسلسل عادة عند تنفيذ خطوات المهمة.

عرف

جزئية المعالجة

Process

هى مجموعة من العمليات أو الحسابات تنفذ سويا على التوازى مع عمليات أو حسابات أخرى.

عادة المهمة الواحدة تحتوى على عدة جزئيات معالجة.

عرف

نداءات النظام

System Calls

هى عبارة عن وظائف مبرمجة مسبقا فى نظام التشغيل أو العتاد.

تستخدم كهمزة الوصل بين نظام التشغيل و العتاد والبرامج.

و هى أوامر مضافة لتمكين البرنامج (و المبرمج) من تنفيذ عملية معقدة على العتاد بمجرد ذكر أو استدعاء نداء معين للنظام.

أمثلة:

↳ نداء نظام للقراءة من لوحة المفاتيح.

↳ نداء نظام للطباعة على الشاشة.

↳ نداء نظام لقراءة قطاع تخزين من على جهاز التخزين الثانوى.

أ.د. أشرف أنور

أسئلة مراجعة للفصل السابع

1. عرف ما المقصود بالمستخدم.

2. عرف ما المقصود بالمهمة و خطوات المهمة.

3. ما أهمية التسلسل عند تنفيذ خطوات المهمة؟

4. ما هى جزئية المعالجة؟

5. ما العلاقة بين المهمة و جزئية المعالجة؟

6. عرف نداء النظام.